John Arnott

VON DER WICHTIGKEIT DER VERGEBUNG

John Arnott

Von der Wichtigkeit der Vergebung

Titel der englischen Originalausgabe:
The Importance of Forgiveness
Copyright © 1997 by John Arnott
Die englische Originalausgabe ist erschienen bei:
SOVEREIGN WORLD LIMITED,
P.O. Box 777, Tonbridge, Kent TN11 0ZS, England

Aus dem Englischen übersetzt von Dorothea Appel

5. Auflage 2017

Copyright © der deutschen Ausgabe 1998 Asaph-Verlag,
D-Lüdenscheid
Umschlaggestaltung: joussenkarliczek, D-Uhingen
Satz/DTP: Jens Wirth/Fontis
Druck: FINIDR, CZ

Printed in the EC

ISBN: 978-3-931025-35-9
Best.-Nr.: 147535

Für kostenlose Informationen über unser umfangreiches
Lieferprogramm an Büchern, Musik usw. schreiben Sie bitte an:

Fontis Media GmbH – D-58478 Lüdenscheid
E-Mail: fontis@fontis-media.de – www.fontis-shop.de

INHALT

ÜBER DEN AUTOR

John Arnott spricht und lehrt auf internationaler Ebene; bekannt wurde er für seinen Dienst der Erneuerung.

Er lebt an seinem Geburtsort Toronto/Ontario in Kanada, wo er auch aufwuchs und heute als leitender Pastor der *Toronto Airport Christian Fellowship* arbeitet. Während seiner Tätigkeit als Pastor in Ontario koordinierte John Arnott zahlreiche Gemeindeneugründungen.

Auf den Besuch des *Ontario Bible College* folgte zunächst eine bewegte und erfolgreiche Karriere als Geschäftsmann. Während einer Dienstreise nach Indonesien stellte er sich Gottes Berufung in den vollzeitlichen Dienst.

1981 gründeten John und seine Frau Carol zum ersten Mal eine Gemeinde, die *Jubilee Christian Fellowship* in Stratford in Ontario. Dann begannen sie 1988 mit dem Aufbau der Gemeinde in Toronto.

Seine Erfahrungen als Geschäftsmann, Ehepartner, Vater und Pastor fließen in Johns vielfältigen Dienst ein, in dem er sowohl die Gnade Gottes als auch Heilung und Befreiung vermittelt. Besonders aber betont er das Vaterherz Gottes, wodurch schon viele Menschen einen Eindruck von Gottes lebensverändernder Liebe und Gnade bekommen haben.

Anfang 2006 übergab er die Leitung der Gemeinde in jüngere Hände, um sich vorrangig dem Gemeinde-netzwerk *Partners in Harvest* und den *Catch the Fire Ministries* widmen zu können.

1

GNADE TRIUMPHIERT ÜBER GERECHTIGKEIT

Vergebung ist ein Schlüssel zum Segen. Vergebung und Buße öffnen unser Herz und lassen den Strom Gottes frei in uns fließen. Wir müssen dem Heiligen Geist erlauben, uns die Dinge vor Augen zu führen, die in uns noch einer Lösung bedürfen.

Dreierlei ist nötig, um eine mächtige Ausgießung des Geistes Gottes im eigenen Leben und in der Welt um uns zu erleben.

Zunächst brauchen wir eine Offenbarung der Größe Gottes. Wir müssen wissen, dass ihm absolut nichts unmöglich ist (Lukas 1,37). Ferner müssen wir erkennen, wie sehr er sich um uns kümmert und dass er uns unter allen Umständen liebt (Jeremia 31,3). Ich sage den Menschen gerne, dass Gott sie liebt, so wie sie sind, sie aber zu sehr liebt, als dass er sie so lassen könnte.

Endlich müssen wir verstehen, wie wir in dieser Liebe wandeln und sie weitergeben können. Wer frei ist, hat Zeit und Mittel für andere.

Kräftezehrende Wunden

In den mehr als 17 Jahren, in denen ich als Pastor arbeite, habe ich eines herausgefunden:

Wenn das Herz eines Menschen verletzt, sein Leben zerstört ist, dann kostet ihn das große Kraft, und es verschlingt viel von seinem Potenzial. Manche Menschen verwenden so viel Energie allein darauf, den Tag zu durchstehen, dass nur wenig für andere übrig bleibt.

Auf die Frage nach ihrem Gottvertrauen in Bezug auf Mission, Opfer oder Wunderempfangen antworten viele: „Ich kann kaum erkennen, wie ich den morgigen Tag erreichen soll, geschweige denn, wie ich mich Gott vollkommen hingeben könnte." Der Schlüssel hierfür liegt meiner Meinung nach im Bereich von Buße und Vergebung.

Auf prophetischer Ebene, glaube ich, hat Gott uns auf die Dreschtenne geholt. Der Herr bricht die harte äußere Schale auf und bereitet uns zur „Nahrung" für die Völker zu. Erst wenn der Weizen von der Spreu getrennt ist, ist er brauchbar.

Johannes der Täufer wurde von den Menschen gefragt, ob er der Messias sei, und er antwortete:

Ich taufe euch mit Wasser, aber nach mir wird einer kommen, der ist größer als ich. Ich bin nicht einmal würdig, ihm die Schuhe auszuziehen. Er wird euch mit dem Heiligen Geist und mit Feuer taufen. (Lukas 3,16)

Gefällt uns diese Schriftstelle nicht gut? Wie viele Predigten haben Sie schon über das Empfangen des Heiligen Geistes gehört? Aber lassen Sie uns den nächsten Vers lesen:

> Schon hat er die Schaufel in der Hand, mit der er die Spreu vom Weizen trennt. Den Weizen wird er in seine Scheune bringen, aber die Spreu mit Feuer verbrennen, das niemand löschen kann. (Vers 17)

Der Herr sagt uns bezüglich unserer Hingabe an ihn, dass er die Spreu in unserem Leben verbrennen wird. Wollen Sie, dass er das tut? Sind Sie sich ganz sicher?

> „Liebe Gott, den Herrn, von ganzem Herzen, mit ganzer Hingabe und mit deinem ganzen Verstand." Das ist das erste und wichtigste Gebot. Ebenso wichtig ist aber das zweite: „Liebe deinen Mitmenschen, so wie du dich selber liebst!" (Matthäus 22,37-39)

Zur Zeit hört man viele prophetische Worte bezüglich Mission und Evangelisation. Ich glaube, der Herr hat mir gesagt: Die ersten Missionare gingen hinaus, weil sie durch Verfolgung zerstreut wurden. Aber die Missionare und Evangelisten, die er jetzt aussendet, gehen, weil die absolute Liebe Gottes sie in alle Himmelsrichtungen führt.

Es ist Gottes Liebe, die uns gefangen hält, uns drängt und uns zieht – mit einer vor Gott reinen und gerechten Motivation. Wir wollen in Liebe und Dienstbereitschaft hinausgehen und erleben, wie die großartige Ernte eingebracht wird, die Ernte der Endzeit. Dieser Auftrag des Herrn fordert uns so sehr, dass für den Versuch, persönliche Probleme unter Verschluss zu halten, keine Kraft bleibt.

Kritische Gedanken und Worte

Negative Dinge in unserem Leben können unser Bestreben, anderen in Liebe zu dienen, blockieren. Unsere Gedanken und Worte können unseren freien Umgang in der Gnade Christi behindern. Paulus sprach davon, wie wichtig dies ist:

> *Die Waffen, mit denen ich kämpfe, sind die Waffen Gottes. Sie sind mächtig genug, jede Festung zu zerstören, jedes menschliche Gedankengebäude niederzureißen, einfach alles zu vernichten, was sich stolz gegen Gott und seine Wahrheit erhebt. Alles menschliche Denken nehmen wir gefangen und unterstellen es Christus. (2. Korinther 10,4-5)*

Vor einigen Jahren boten wir einen Kurs zu dem Thema „Reinheit des Herzens" an, den Mark Virkler aus Buffalo, New York, ausgearbeitet hatte. Ich finde, dieser Kurs ist eine Million Dollar wert! Die Dinge des Lebens bleiben darin nicht bloße Theorie und Theologie, sondern werden wirklich zu einer Herzensangelegenheit.

Nie werde ich das zweite Kapitel vergessen, „Der Unterschied zwischen dem Ankläger und dem Tröster". In diesem Kapitel macht Mark die ungeheuerliche Aussage, alles Negative und jeder negative Gedanke sei immer vom Feind, und jeder positive, lebensspendende, aufbauende Gedanke immer vom Heiligen Geist. Er sagt: Der Feind ist immer negativ, und der Heilige Geist ist immer positiv.

Damals war ich erst dabei zu lernen, wie man auf die Stimme des Herrn hört, und so war mir nicht klar, dass Gott oft in unseren Gedanken zu uns redet. Wenn wir eifrig wären im Gebet, uns anstrengten und fasteten, dann, so glaubte ich, würden wir vielleicht ab und zu seine Stimme hören, mit großem Trara und Donnergrollen. Wie ein gewaltiges Spektakel stellte ich mir das vor. Dann würden wir sagen: „Heute hat Gott zu mir gesprochen."

Ich wusste jedoch nicht, dass er durch ganz gewöhnliche Gedanken redet. Es war mir nie in den Sinn gekommen, dass es eine kleine, leise Stimme gibt, die hinter mir zu hören ist: *„Dies ist der Weg, den ihr einschlagen sollt!"* (Jesaja 30,21).

Nun lernten wir also, dass der Herr so spricht, und waren nicht allzu überrascht von der Erkenntnis, dass auch der Teufel so redet. Leicht können Sie hören, wie der Teufel zu Ihnen spricht. Haben Sie ihn je in Ihr Ohr flüstern hören? Und doch redet auch Gott, der viel mächtiger ist, die ganze Zeit zu Ihnen. Mark entwickelte dieses Thema weiter. Der Ankläger klagt an, und der Tröster tröstet. Einfach, aber tiefgründig.

Mark hatte herausgefunden, dass etwa 80 Prozent seines eigenen Denkens negativ, kritisch und anklagend war und nur 20 Prozent positiv. Achtzig Prozent negativ!

Zur Bestätigung dieser Statistik ließ er uns kleine Tests durchführen. Nicht nur die anderen Kursteilnehmer, sondern auch ich fand heraus, dass ich tatsächlich zu 80 Prozent negative Gedanken hatte! Das machte mich wirklich fertig. Ich betete: „Gott, das ist völlig unannehmbar – absolut! Ich kann so nicht durchs Leben gehen, meine Gedankenwelt darf nicht zu 80 Prozent dem Feind unterstellt sein, dem Ankläger!" Wie sieht es bei Ihnen aus?

Wenn Sie auf die Gespräche sowohl von Christen als auch von Weltmenschen achten, erkennen Sie, dass andere dasselbe Problem haben. Worüber sprechen die Menschen? Sie diskutieren die Ungerechtigkeiten, die sie erleben. Sie zählen auf, was andere ihnen angetan oder gegen sie unternommen haben und wie sie verletzt wurden. Sie begründen, warum sie selbst unschuldige Opfer seien, andere jedoch schuldig, sie verletzt und misshandelt zu haben.

Nun leben wir also mit diesem Dilemma: Zu 80 Prozent haben wir negative und richtende Gedanken – Gedanken, die eigentlich vom Feind kommen. Und dann wundern wir uns, warum wir Gottes Segnungen nicht mehr genießen!

Ich erinnere mich an meine Reaktion: „O Gott, du weißt, dass ich dabei deine Hilfe brauche. Du musst mir jedes Mal einen Schubs geben, wenn ich wieder anfange, negativ oder kritisch über Menschen zu denken. Ich will das nämlich nicht, Herr." Mir war klar, dass ich selbst nicht genug Selbstdisziplin und auch gar nicht die Fähigkeit hatte, diese Tendenz zu überwinden. Ich wagte nicht zu versprechen, dass ich damit aufhören würde. Ich brauchte ein Wunder, das mein Herz und mein Denken ändern würde, damit meine Gedanken positiv und lebensspendend sein könnten.

Die Entscheidung, Leben zu sprechen

In 1. Mose 2 und 3 finden wir die Geschichte von zwei einzigartigen Bäumen im Garten Eden. Seit Jahren schon lehre ich darüber und auch Rick Joyner hat über diese beiden Bäume geschrieben.

Zwei Bäume wuchsen in dem Garten, der Baum des Lebens und der Baum der Erkenntnis von Gut und Böse. Von welchem aßen Adam und Eva? Richtig, sie wählten den Baum der Erkenntnis von Gut und Böse. Warum? Sie waren versucht, wie Gott sein zu wollen, also Gut und Böse zu erkennen.

Wir könnten diesen Baum den „Baum des Richtens" nennen. In unserem Stolz und unserer Selbstzufriedenheit meinen wir genug Verständnis und Information zu haben, um jede Situation gut und ehrlich zu beurteilen. Instinktiv richten wir sehr häufig, und zwar normalerweise negativ, unausgewogen und unfair.

Ich glaube, der Heilige Geist fordert uns auf, nicht mehr zu richten. Wir müssen uns zurückhalten, Situationen und Mitmenschen zu verurteilen, stattdessen sollen wir segnen und vergeben, sodass das Leben fließt.

Wenn wir von dem Baum der Erkenntnis von Gut und Böse, also von dem Baum des Richtens, essen, folgt daraus, dass wir jemanden beschuldigen. Mit der Anklage stimmen wir mit dem Satan überein, dem Verkläger der Brüder. Entweder ist es der Fehler eines anderen oder unser eigener Fehler, aber irgendjemandem wird immer die Schuld gegeben, wenn die Anklagen durch die Lüfte schwirren. Stimmt doch, oder? So sind die Menschen nun mal. Das ständige Richten macht uns negativ, negativ, negativ. Unausgesetzt wird um Gerechtigkeit zu Gott geschrieen.

Nun, da Sie und ich wiedergeboren und mit dem Heiligen Geist gefüllt sind, ist der Baum des Lebens in unseren Herzensgarten zurückgepflanzt worden. Wenn wir vom Baum des Lebens essen, was passiert dann? Es wird uns aufbauen, ermutigen und uns und anderen gut tun. Der Baum des Lebens wird anderen Leben spenden, indem wir Gutes und nicht Schlechtes aussprechen, vergeben und nicht anklagen.

Im Mai 1996 traf ich mich mit Pastor John Kilpatrick von der *Brownsville Assembly of God*-Gemeinde in Pensacola in Florida. Er erzählte mir, wie er einige Jahre zuvor viel Zeit im Gebet für den Bedarf an Musikern in seiner Gemeinde verbracht hatte. Oft hatte er gebetet: „O Gott, ich möchte ein Orchester."

Er war durch den ungenutzten Orchesterbereich gelaufen. Außer einem Klavier wurde kein einziges Instrument gespielt. Tag für Tag beschwerte er sich, dass es dort so leer war. Er fragte den Herrn immer wieder, wo die Menschen blieben. „Was stimmt denn nicht im Leib Christi? Warum dienen die Leute nicht? Warum kommt denn keiner und spielt?"

Mit seinen richtenden und verurteilenden Worten legte er quasi einen Fluch auf die ganze Sache.

Eines Tages sprach der Herr zu ihm: „John, warum segnest du sie nicht stattdessen?" Ein überraschend anderes Konzept! Doch nun fing John an, durch diesen Teil seiner Kirche zu gehen und zu sagen: „Herr, ich segne diesen ganzen Orchesterbereich. Ich segne die Leute, die du senden wirst. Herr, lass deine Gunst auf sie kommen. Ich segne ihre Herzen damit, spielen zu wollen und den König der Könige und Herrn aller Herren anbeten und ihm dienen zu wollen."

Nicht lange danach kam jemand zu ihm und sagte: „Weißt du was, ich habe eine Trompete, und früher habe ich mal ein wenig gespielt. Ich bin wirklich nicht besonders gut, aber wenn das okay ist, würde ich gerne das Klavier begleiten." John war völlig erstaunt, aber er sagte: „Toll! Fang an!" Und ehe er sich's versah, kamen sie, einer nach dem anderen. Der ganze Orchesterbereich füllte sich mit Musikern.

Was das Wichtigste ist: Gott hatte ihn gelehrt, wie wertvoll es ist zu segnen, Worte des Lebens zu sprechen. Der Rest ist Geschichte – die gewaltige Erweckung, die in seiner Gemeinde stattgefunden hat.

Es ist so wichtig, Leben und nicht Tod zu sprechen.

Kennen Sie den Ausdruck: „Besser eine kleine Kerze anzünden als die Dunkelheit verfluchen"? Ist das nicht gut? Wir müssen etwas unternehmen, um unsere eigenen Gedanken zu beherrschen. Wir müssen die Veränderung wollen. Ich bete: „Herr, ich möchte die Zahlen vertauscht haben. Hilf mir, zumindest nur 20 Prozent negativ und 80 Prozent positiv zu sein." Das wäre es schon eher. Wie sieht's bei Ihnen aus?

Nehmen Sie sich dieses Thema zu Herzen. Der Heilige Geist ist immer positiv, und Satan ist immer negativ. Das hörte sich für mich zunächst einmal extrem an. Ich musste diese Aussage erst einige Wochen lang verarbeiten und prüfen, bevor ich sie schließlich als wahr anerkannte und zu dieser Schlussfolgerung kam: Selbst Gottes Korrektur geht immer in eine positive Richtung, und seine Absicht ist immer, Leben zu geben und wiederherzustellen. Das ist sein Herz.

Der Feind hingegen ist immer negativ. *„Der Dieb kommt, um zu stehlen, zu schlachten und zu vernich-*

ten" (Johannes 10,10). Er ist immer der Ankläger, der Zerstörer. Er will Schuld, Angst, Hoffnungslosigkeit, Sünde und Anklage bringen. Wenn wir unsere Gedanken Christus unterstellen und gefangen nehmen wollen, muss unser Leben von den Fesseln des Feindes frei werden (2. Korinther 10,5).

Jemand stellte einmal folgende Behauptung auf: Vom Baum des Lebens essen – d. h., sich vom Heiligen Geist erfüllen und ihn im eigenen Leben wirken lassen, seinen Mitmenschen Gutes tun und ihnen vergeben – bewirke immer Unschuld. Wo keine Anklage, da keine Schuld. Adam und Eva im Paradies seien unschuldig gewesen, bevor sie vom Baum der Erkenntnis von Gut und Böse aßen. Die Salbung des Heiligen Geistes fließe nur durch Unschuld. – Dieser Gedankengang überraschte mich sehr, ich wusste aber, dass er der Wahrheit entsprach.

Wir tappen nicht so schnell in die Falle, über Menschen zu reden, mit denen wir nicht viel zu tun haben – den Mann auf der Straße, die Frau in der Nachbarstadt. Wer uns nicht nahesteht, kann uns normalerweise auch nicht tief verletzen oder besonders wütend machen.

Wirklich ärgern aber können wir uns über die Menschen, die uns nahe sind – Kinder, Eltern, Autoritätspersonen, Pastoren, Lehrer, Arbeitgeber, Freunde, Menschen, von denen wir viel erwarten. Diese Leute sind in der Lage uns zu verletzen. Deshalb gewöhnen wir uns vielleicht an, sie zu richten und falsche Gedanken über sie zu haben, was dann wiederum Anklagen nach sich zieht.

Das Gesetz des Richtens

Der Heilige Geist möchte unser Herz ausloten und gründlich an ihm arbeiten.

Urteilt nicht über andere, damit Gott euch nicht verurteilt. Denn so wie ihr jetzt andere verurteilt, werdet auch ihr verurteilt werden. Und mit dem Maßstab, den ihr an andere legt, wird man euch selber messen. (Matthäus 7,1-2)

Glauben Sie dieser Schriftstelle? Jesus hat's gesagt, ich glaube es, und basta – ist das so? Was er hier sagt, ist Folgendes: Wer Gerechtigkeit und Vergeltung fordert für Sünden und Fehlverhalten, das sich gegen ihn selbst richtet, mit dem wird entsprechend seiner eigenen Regeln auch verfahren. So, wie Sie andere behandeln, werden auch Sie behandelt werden. Als ich diese Dynamik verstand, dachte ich: „Herr, ich will die verständnisvollste Person auf dem ganzen Erdenrund sein, die am meisten vergibt und am meisten liebt. Ich will nicht bekommen, was ich verdiene – nicht von Gott, nicht vom Satan und nicht vom Leben."

Vor Jahren redete der Herr zu mir über dieses biblische Prinzip: Gerechtigkeit ist gut, aber Gnade ist besser. Gerechtigkeit ist das Gesetz Gottes. Gerechtigkeit heißt: Wenn Sie mich verletzen, kann ich Sie auch verletzen. Wenn Sie jemanden falsch behandeln, dann muss das wieder in Ordnung gebracht werden. Unser Gerechtigkeitsempfinden versteht das. Auge um Auge, Zahn um Zahn, Leben für Leben. Ganz und gar korrekt.

Wenn Sie Gerechtigkeit wollen, dann werden Sie nach eben diesen Regeln behandelt werden. Das ist das Gesetz Gottes, und es ist gut und korrekt, aber es ist auch die Arena, in der der Satan wirklich glänzt. Er ist der Meister-Verfolger, der Meister-Ankläger. Das Problem ist, keiner von uns hätte auch nur die Spur einer Hoffnung auf die Ewigkeit, wenn wir alle Gerechtigkeit erführen, wie wir sie verdienten. An einen Ort jedoch können wir gehen, an den Satan nicht folgen, an dem er uns nicht verklagen kann. Dieser Ort ist die Gnade des Herrn Jesus Christus. Der Ort der Gnade, Liebe und Vergebung.

Das ist ein höherer und besserer Ort. Wenn wir in Gnade und Barmherzigkeit leben, kann Satan uns nicht dorthin folgen. Dort hat er keine Rechte. Wussten Sie das? Wenn Sie aber 80 Prozent Ihrer Zeit auf der Ebene von Gericht und Gerechtigkeit verbringen, dann hat er das Recht, Sie in 80 Prozent Ihrer Zeit zu schlagen. Ich schreie zu Gott: „Hilf mir, mehr in deiner Gnade zu leben!"

Was siehst du aber den Splitter in deines Bruders Auge und nimmst nicht wahr den Balken in deinem Auge? Oder wie kannst du sagen zu deinem Bruder: Halt, ich will dir den Splitter aus deinem Auge ziehen?, und siehe, ein Balken ist in deinem Auge. Du Heuchler, zieh zuerst den Balken aus deinem Auge; danach sieh zu, wie du den Splitter aus deines Bruders Auge ziehst. (Matthäus 7,3-5)

Es ist fast so, als hätten wir bei den Fehlern anderer Röntgenaugen und wären blind gegenüber unseren eigenen. Das zu verstehen ist ein Hauptschlüssel zur Freiheit. Jesus sagt: Richte zuerst dich selbst. Wenn Sie für Ihre eigenen Sünden Gnade möchten, dann werden Sie wohl auch viel sanfter mit anderen umgehen. Fangen Sie an, Gutes und nicht Schlechtes auszusprechen. Das wird Ihnen eine große Freiheit bescheren.

Viel Kraft wird aufgebracht, um Zorn, Verletzungen und Angst niederzudrücken. Oft wissen wir noch nicht einmal etwas von diesen Dingen in unserem Innern. Aber wenn wir in Gnade und Barmherzigkeit leben, andere freisprechen und ihnen vergeben, werden wir herausfinden, dass sein Joch sanft und seine Bürde leicht ist (Matthäus 11,30).

Das Gesetz von Saat und Ernte

Hören wir das Wort unseres Herrn:

Und richtet nicht, so werdet ihr auch nicht gerichtet. Verdammt nicht, so werdet ihr nicht verdammt. Vergebt, so wird euch vergeben. Gebt, so wird euch gegeben. Ein volles, gedrücktes, gerütteltes und überfließendes Maß wird man in euren Schoß geben; denn eben mit dem Maß, mit dem ihr messt, wird man euch wieder messen. (Lukas 6,37-38)

Ist es nicht erstaunlich, wie oft wir diese Dynamik von Saat und Ernte nur im Zusammenhang mit Geben und finanziellem Segen sehen? Doch geht es hier nicht nur um Geld, sondern ganz allgemein um die Freisetzung der unglaublichen Gnade Gottes.

In 2. Mose 20,5 lesen wir, dass die Sünden der Väter heimgesucht werden an den Kindern bis in die dritte und vierte Generation. Wenn wir die Muster betrachten, nach denen negative Dinge immer wieder bei uns auftauchen, an uns geschehen, können wir auch sehen, wie der Feind die Möglichkeit hatte, in unser Leben zu kommen. Er will diese Zugriffsmöglichkeiten auf eine Familie über mehrere Generationen hinweg behalten.

Stellen Sie sich zum Beispiel einen alkoholkranken Vater vor, dessen Sohn wiederum Alkoholiker ist und seinerseits einen alkoholabhängigen Sohn hat. Oder eine junge Frau, die in einem solchen Haushalt aufgewachsen ist und sich schwört: „Nie werde ich einen Alkoholiker heiraten."

Fünf Jahre nach ihrer Hochzeit klagt sie: „Ich kann nicht länger mit ihm zusammenleben. Er trinkt, er schlägt mich, er ist gemein zu den Kindern. Er ist genau wie mein Vater." Und wir sagen: „Meine Güte, war diese Frau denn blind? Konnte sie nicht voraussehen, dass es so kommen würde?"

Wie von einem Magneten wird der Mensch dahin gezogen, dass er letztlich dem Feind in die Hände spielt. Das ist das Gesetz von Gottes Gerechtigkeit, und Satan ist ein Meister-Gesetzlicher. Er nutzt das Gesetz von Saat und Ernte aus (Galater 6,7-8). Leute verurteilen ihre Eltern, und diese Urteile verleihen dem Feind das legitime Recht, das Vergehen aufrechtzuerhalten. Gottes Herz jedoch möchte vergeben und heilen.

Gerechtigkeit oder Barmherzigkeit?

Jesus nahm am Kreuz auf sich, was wir verdienten. Wenn Sie oder ich sagen: „Ich hasse meinen alkoholabhängigen Vater", wenn wir ihn (zu Recht) anklagen und ihm die Dinge zur Last legen, die er getan oder gesagt hat, dann schreien wir in Wirklichkeit nach Gerechtigkeit. Wir fällen ein Urteil, das seine Wurzeln in Verletzung und Bitterkeit hat. Wenn wir nach Gerechtigkeit verlangen, begeben wir uns tatsächlich in ein gesetzliches System zurück, in dem auch für unsere

Sünden Gerechtigkeit und Vergeltung gefordert wird. Es ist so, als überließe man dem Teufel seinen Haustürschlüssel.

Die einzige sichere Reaktion ist: „Herr, lass Gnade walten. Lass Barmherzigkeit über das Gericht triumphieren (Jakobus 2,13). Du hast mir meinen Riesenschuldenberg vergeben. Nun, da ich den Schlüssel zu deinem Reich bekommen habe, werde ich jedem vergeben, der mir etwas schuldet oder mich wie auch immer verletzt hat."

Erinnern Sie sich an die Geschichte aus Matthäus 18,23-35, in der Jesus von dem König erzählt, der einem seiner Diener Geld geliehen hatte. Der Mann hatte schließlich einen Schuldenberg von Millionen.

Eines Tages ließ ihn der König hereinrufen und forderte: „Zahle zurück, was du mir schuldest." Der Mann bat: „Ich kann nicht. Hab Gnade mit mir und gib mir Zeit, dann will ich dir alles zurückzahlen." Aber der König sagte: „Nein. Ich will es jetzt. Verkauft ihn als Sklaven. Verkauft seine Familie. Liquidiert alles, was er hat. Wir wollen so viel wie möglich eintreiben."

Der Mann fiel nieder und bettelte um Vergebung: „Bitte, sei barmherzig mit mir!" Da sagte der König: „Nun gut, du wirst sowieso nie in der Lage sein, deine Schulden zurückzuzahlen. Vergiss es. Arbeite einfach weiter. Ich befreie dich von deiner Schuld." Wie erleichtert und dankbar muss dieser Diener gewesen sein!

Bald danach jedoch, so erzählt Jesus, ging eben er hinaus, packte einen anderen Diener, seinen Kollegen, am Kragen und forderte: „Zahl mir die 50 Dollar zurück, die du mir schuldest!" Sein Kollege antwortete genau wie er: „Hab Gnade mit mir. Gib mir Zeit, und ich will dir alles zurückzahlen." Er aber sagte: „Auf keinen Fall!", und ließ ihn ins Gefängnis werfen, bis seine Schuld bezahlt wäre.

Davon erfuhr der König. Er rief den Mann wieder herein und sagte: „Du böser Diener! Ich hatte Mitleid mit dir und erwies dir Gnade bei dieser riesigen Schuld, die du bei mir hattest. Konntest du nicht bei deinem Kollegen barmherzig sein?"

Obwohl ich diese Geschichte kannte, war ich versucht mir einzureden, dass ich ja nicht so schlimm sündigte wie alle anderen. In meinem Herzen fand eine Zweiteilung statt – ich wollte Barmherzigkeit für mich selbst, aber Gerechtigkeit für meinen Umgang mit anderen. „Man hat mich verletzt, man hat dies gesagt, man hat jenes getan, man schuldet mir etwas, und ich will, dass alles in Ordnung gebracht wird." Aber für mich selbst wollte ich Gnade und Barmherzigkeit.

Wir können es nicht auf zweierlei Weise haben. Wenn ich sage, ich will Gerechtigkeit, wo mich jemand verletzt hat, dann kann ich nicht für mich selbst um Gnade bitten. Das ist es, was der böse Diener getan hat. Wenn ich aber auf Gerechtigkeit bestehe, bin ich von Gnade und Barmherzigkeit wieder zurückgefallen zur bloßen Korrektheit.

Die Wahrheit lautet: Menschen verletzen einander. Eltern verletzen ihre Kinder. Kinder verletzen ihre Eltern. Viele Menschen werden durch Pastoren verletzt. Viele Pastoren werden durch ihre Gemeindeglieder verletzt. Das passiert überall im Leib Christi. Wir fragen die Leute: „Wie war dein Vater? Wie war deine Mutter? Was ist mit deinen älteren Brüdern, wie verhielten sie sich dir gegenüber?" Oft finden wir Jahre voller Lasten und Verurteilungen, derer sich die Leute meistens nicht bewusst sind. Und dann wundern sie sich, warum in ihrem Leben immer wieder bestimmte Muster von Schmerz und Ablehnung auftauchen.

Ich sprach mit Menschen, die drei oder vier Autounfälle nacheinander hatten und sich fragten: „Was ist bloß los? Klebt auf meinem Auto ein Sticker: ‚Bitte hier auffahren!'?" Nein, das nicht; aber ein Prinzip von Saat und Ernte wirkt.

Der Herr sagt, dass die Sünden der Väter an den Kindern heimgesucht werden (2. Mose 20,5). Das ist Gottes Gesetz – ein Gesetz der Gerechtigkeit, ein Gesetz von Säen und Ernten. Satan sieht zu, dass dieses Gesetz Gottes erfüllt wird, wenn er es zur Zerstörung benutzen kann. Deshalb passieren Ihnen immer wieder dieselben oder ähnliche Geschichten. Der einzig sichere Zufluchtsort ist die Gnade und Barmherzigkeit des Herrn Jesus Christus.

Der Ort der Barmherzigkeit

Warum sagen wir nicht: „Herr, ich vergebe jedem alles" und lassen unseren Anspruch auf Gerechtigkeit und Sühne fahren? Dann liegt jede Ungerechtigkeit unter dem Kreuz, und die Gnade und Barmherzigkeit Christi kann in unserem Leben fließen. Dann bedeckt die Liebe eine Menge von Sünden (1. Petrus 4,8).

Das Reich Gottes besteht nicht aus dem Halten von religiösen Regeln und Bestimmungen, sondern es ist

Gerechtigkeit und Friede und Freude in dem Heiligen Geist (Römer 14,17). Diese Freude haben wir, Sie und ich, wenn wir am Ort der Barmherzigkeit leben und bleiben.

2

DIE ENTSCHEIDUNG ZU VERGEBEN

Leben wir nicht in einer wunderbaren Zeit? Gott segnet so überreich. Ich sehe viele Menschen, die einander vergeben und voreinander Buße tun. Das führt sie in eine große Freiheit, Freiheit, ihre Bestimmung im Reich Gottes zu erfüllen.

Befreit durch Vergebung

Als Carol und ich unsere erste Gemeinde in Stratford im kanadischen Ontario gründeten (Carols Heimatstadt mit etwa 27.000 Einwohnern, in der jeder jeden kennt), bezeichneten uns einige der anderen Gemeinden als Sekte und als alles Mögliche. Wir waren eben die Neuen in der Stadt. Ungefähr zwölf Jahre später durfte ich in der Nähe von Toronto im Rahmen eines Regionaltreffens zu einer Gruppe von Pastoren sprechen.

Einer der Pastoren kam zu mir und sagte: „John, ich muss dich um Vergebung bitten. Ich war so im Unrecht. Ich dachte, wir hätten eine bestimmte Ecke im Reich Gottes gepachtet. Ich glaubte, was nicht bei uns passierte, das wäre einfach nichts wert. Es tut mir so leid, und ich möchte dich um Vergebung bitten." Dieser Mann war früher der Pastor einer Gemeinde in Stratford gewesen und hatte uns von der Kanzel aus denunziert.

Als ich das einem Mann erzählte, der früher in jener Gemeinde Mitglied gewesen war und mittlerweile zu uns in Toronto gehörte, brach er zusammen und weinte, und der Herr schenkte seine Heilung.

Neulich verabredete ein Pastor von einer der größten Gemeinden Torontos einen Termin mit mir. Er sagte: „John, ich bin gekommen, um dich um Vergebung zu bitten." Ich fragte, warum, und er antwortete: „Ich habe scheußliche, schreckliche Sachen über dich und deine Gemeinde gesagt und, was schlimmer ist, über das Wirken des Geistes."

Er erzählte mir, dass er, als ich ihn ganz zu Anfang angerufen und zu unserer Gemeinde eingeladen hatte, weil wir Gott auf so ungewöhnliche Weise erlebten, negativ reagierte und nichts mit uns zu tun haben wollte. Immer und immer wieder hatte er das Wirken Gottes denunziert. Später hörte er von der Erweckung in Pensacola in Florida, und er reiste den weiten Weg dorthin, um sie selbst zu erleben. Gott berührte sein Herz und überführte ihn, sodass er jetzt kam, um sich mit mir zu treffen.

Das bewegte ihn so sehr, dass er auch den Gottesdienst unserer Gemeinde am Sonntagmorgen besuchte und diese dafür um Vergebung bat, dass er gegen sie und gegen das Wirken Gottes gesprochen hatte. Er vertraute mir an: „John, wir brauchen so dringend eine Erweckung. Ich weiß, ich habe den Heiligen Geist betrübt, als ich dich kritisierte, und ich will im Himmel keine offenen Rechnungen haben. Ich will mit Gott ganz im Reinen sein. Ich will Erweckung für meine Seele und Erweckung für meine Gemeinde. Ich möchte, dass sich Gottes Segen ungehindert entfaltet." Unnötig zu sagen, dass zwischen unseren beiden Gemeinden eine großartige Heilung stattfand.

Fragen Sie sich, warum solche Situationen geheilt werden? Gott ruft seine ganze Kirche an diesen Ort der Buße und Vergebung. Die Himmel werden aufgerissen, weil Menschen herausfinden, dass Gnade über Gericht triumphiert. Sie sind bereit zu tun, was Jesus sagte: sich gegenseitig vergeben, barmherzig sein und lieben. Wir wollen sehen, wie Vergebung fließt für Einzelne, Familien, Kirchen, Städte und Völker.

Jakobus 3 führt uns die große Macht der Zunge vor Augen. Etwas Kleines wie die Zunge kann beträchtlichen Einfluss ausüben. Ein Pferd lässt sich mit einer kleinen Trense lenken und ein Schiff mit einem winzigen Ruder steuern. Wenn unsere Zunge nicht unter Kontrolle ist, wirkt sie wie tödliches Gift. Wir können Dinge sagen, die bis zu einem gewissen Grad irreparabel sind. Worte, die gegen Menschen ausgesprochen wurden, haben tiefe Verletzungen hinterlassen. Ich bete: „O Gott, wache über meinem Mund. Wache über meinen Gedanken. Ich will nicht verwunden und kränken."

Solche Probleme soll der Heilige Geist nicht mit mir haben. All das Kritisieren unter Christen gehört zu dem, was Gottes Herz am meisten betrübt. Nichts hält eine

Erweckung so sehr auf wie Kritik. Gott ruft uns zu einem Ort des Sieges, einem Ort, wo Gnade über Gericht triumphiert. Erinnern Sie sich an Ihre große Schuld, für die Jesus ganz und gar und voller Liebe bezahlt hat.

Was wir Jesus schulden

Stellen Sie sich das schlimmste Verbrechen vor, das je von Menschen begangen wurde, die größte Gräueltat überhaupt. Das war nicht unter Hitler, Stalin oder einem anderen Despoten, der für die Ermordung von Millionen von Menschen verantwortlich ist. Die größte Tragödie, das größte Verbrechen, das je von Menschen begangen wurde, ist, dass unsere Vorfahren, Juden und Römer, vor zweitausend Jahren den Sohn Gottes an einem Kreuz ermordeten.

Denken Sie darüber nach, wer Jesus wirklich war. Er war nicht einfach ein guter Mann. Er war Gott der Sohn, der zur Erde kam und hier heilte, lehrte, segnete, sich selbst gab und mitteilte. Übeltäter nagelten ihn an ein Kreuz und machten sich sechs Stunden lang über ihn lustig, während er verblutete. Er ertrug das, weil es eine Sühnezahlung für unsere Sünden geben musste. Der Unschuldige zahlte für die Schuldigen.

Es waren Ihre und meine Schulden, die er gezahlt hat. Es war unsere Sünde – Ihre und meine –, die seine Hinrichtung notwendig machten. Wir tragen die Verantwortung für den Tod von Gottes Sohn. Unsere Sünden erforderten seinen Tod, und wir sind die Kinder derer, die ihn ermordeten. Die meisten von uns haben wenigstens einen oder zwei Tropfen jüdisches oder römisches Blut in den Adern.

Verletzungen, Ängste und Schmerzen, die auf den Leib Christi gekommen sind, den Prozess erschwert haben. Manchmal ist der Schmerz so stark, dass wir meinen, an unserem Verletztsein und unserem Zorn festhalten zu dürfen.

Die Falle der Selbstrechtfertigung

Matthäus 5,21 sagt uns, wenn wir mit unseren Gaben vor den Herrn kommen und uns dort einfällt, dass wir etwas gegen unseren Bruder haben, sollen wir zuerst zu ihm gehen und uns mit ihm versöhnen, bevor wir zurückkommen und unsere Gaben darbringen. Dann werden wir ein reines Herz haben.

Jesus erzählt uns von dem Pharisäer und dem Zöllner. Der Pharisäer sprach: „Danke, Herr, dass ich nicht bin wie der da. Ich faste und ich bete und ich spende. All diese guten Taten tue ich für dich."

Der Zöllner kam in unterwürfiger Demut und betete: „Herr, sei mir Sünder gnädig" und verglich sich mit niemandem, er gab einfach zu, wie schuldig er war (siehe Lukas 18,10). Der Herr sagte, dass der Demütige gerechtfertigt fortging, nicht aber der Selbstgerechte.

Lassen Sie mich das auf eine praktische Ebene herunterbringen. Ich war in Winnipeg in Kanada und predigte über die Gnade Gottes und die Kraft der Vergebung. Nach dem Gottesdienst kam ein Mann zu mir, zitternd und in großen Nöten.

Er sagte: „John, Sie verstehen nicht, was mir passiert ist." Ich hörte zu, wie er seine Geschichte erzählte.

„Mein eigener Vater hat meine dreijährige Tochter

sehr schlimm missbraucht. Eine staatliche Stelle wurde in die Sache hineingezogen, und nun ist unsere Familie zerrüttet. Unser kleines Mädchen hat jetzt immer Albträume. Überdies leugnet mein Vater. Meine ganze Familie ist wütend auf mich. Es ist eine einzige Tragödie, und da sagen Sie mir, ich müsse ihm vergeben!"

Ich erwiderte: „Ich sage Ihnen nicht, dass Sie ihm vergeben müssen. Ich sage Ihnen, dass der einzige Ausweg aus Ihrem Gefängnis die Vergebung ist, und dann Buße für Ihr Richten. Sie können Gerechtigkeit haben, wenn Sie wollen, aber dann seien Sie sich darüber im Klaren, dass der Feind darauf achten wird, dass auch Sie bekommen, was Sie verdienen. Wenn Sie diese Sache in Angriff nehmen können und bereit werden zu vergeben, wird Gott Ihnen Gnade schenken und Ihnen beim Aufarbeiten all dieser Schmerzen helfen. Dann können Sie an dem Ort seiner Barmherzigkeit und Gnade bleiben."

Manchen Menschen sind unglaubliche Tragödien widerfahren. Sie wissen, dass sie Opfer sind, und erkennen keinen Zusammenhang zwischen den Problemen, die sich bei ihnen immer wieder einstellen, und ihrer Sünde des Richtens. Das ist sehr verwirrend.

Wenn ein Mensch sündigt, sündigt er normalerweise an jemand anderem. Andere werden dadurch verletzt. Das ist nicht fair, nicht wahr? Wir können fragen: „Warum lässt Gott das zu?" Nun, er lässt es zu, weil er uns einen freien Willen gegeben hat. Wir haben die Erlaubnis, richtige oder falsche Entscheidungen zu treffen. Wir können wählen, ob wir lieben oder sündigen. Ein freier Wille ist die Grundlage für Liebe. Damit Liebe fließen kann, müssen Menschen Entscheidungsfreiheit haben. Sie können wählen, einander nah zu sein und sich gegenseitig zu segnen, und zwar aus freien Stücken. Andernfalls wären sie nur Roboter.

Wir können also wählen zu segnen oder wir können wählen zu verletzen (Eigensucht und Sünde). Wir können Leben geben oder wir können Tod geben. Diese Entscheidung ist die Verantwortung, die mit dem freien Willen einhergeht. Jedes Mal, wenn jemand eine falsche Entscheidung trifft oder etwas nicht aus Liebe tut, verletzt er entweder sich selbst oder jemand anderen – oder beide. Dann haben wir, was ich gerne „Sündengeber" (der, der sündigt) und „Sündennehmer" (der, an dem gesündigt wird) nenne.

Wenn wir der „Sündengeber" sind, und der Heilige Geist führt uns das vor Augen, dann wollen wir Barmherzigkeit, nicht wahr? Aber wenn wir der „Sündennehmer" sind, schreien wir nach Gerechtigkeit und reagieren häufig bitter. Wir erkennen nicht, dass es sich hier um eine ausgeklügelte Falle des Feindes handelt. Wenn Satan uns auf diese Art und Weise erwischen kann, wenn er uns dazu bekommt, Gerechtigkeit zu fordern, dann hat er das Recht erworben, die Ernte und die Strafe in unser Leben zu bringen, die wir verdienen.

Das ist der Plan des Feindes. Das ist es, was ihm Macht und legale Rechte einräumt. Jesus jedoch, gegen den das größte aller Verbrechen begangen wurde, sagte nicht: „Vater, pack dir diese Mörder und gib ihnen, was sie verdienen." Wie lautete der letzte Schrei aus seinem Munde? *„Vater, vergib ihnen, denn sie wissen nicht, was sie tun!"* (Lukas 23,34).

Darum steht in Hebräer 12, dass das Blut Jesu viel beredter ist als das Blut Abels (Vers 24). Abels Blut schreit: „Gott, räche mich. Mein Bruder hat mich ermordet und mir mein Leben genommen" (1. Mose 4,10). Das Blut Jesu aber schreit: „Sei gnädig, vergib ihnen, denn sie wissen nicht, was sie tun." Barmherzigkeit triumphiert über das Gericht (Jakobus 2,13).

Die Dreschtenne

Neulich sprach ich mit einem Freund darüber, dass bei erfahrenen Christen selten Heilungen geschehen, während es oft relativ einfach ist, für Nichtchristen zu beten und zu erleben, wie Gott sie heilt und Wunder an ihnen tut. Man kann für den Arbeitskollegen oder den Mann auf der Straße beten; Gott wird mit allen möglichen Wundern auf das Gebet für die Menschen antworten, die den Herrn nicht kennen. Aber so mancher liebe alte Christ, der dem Herrn schon jahrelang dient, erlebt keine Veränderung, wenn Sie für seine Heilung beten. Warum nicht? Vielleicht hat Gott wiederholt Bereiche angesprochen, in denen Vergebung und Buße noch ausstehen, die aber aus Angst, Stolz, Zorn oder Schmerz nicht in Ordnung gebracht werden. Das kann ein Schlüssel für uns sein. Eine Antwort auf diese Frage wird in 1. Korinther 11 gegeben. Denken Sie aber daran, dass dies nur einer der Faktoren ist, lassen Sie sich also hier nicht auf einen Schuld-Trip ein.

Denn ich habe von dem Herrn empfangen, was ich euch weitergegeben habe: Der Herr Jesus, in der Nacht, da er verraten ward, nahm er das Brot, dankte und brach's und sprach: Das ist mein Leib, der für euch gegeben wird; das tut zu meinem Gedächtnis.

Desgleichen nahm er auch den Kelch nach dem Mahl und sprach: Dieser Kelch ist der neue Bund in meinem Blut: das tut, sooft ihr daraus trinkt, zu meinem Gedächtnis. Denn sooft ihr von diesem Brot esst und aus dem Kelch trinkt, verkündigt ihr den Tod des Herrn, bis er kommt.

Wer nun unwürdig von dem Brot isst oder aus dem Kelch des Herrn trinkt, der wird schuldig sein am Leib und Blut des Herrn. Der Mensch prüfe aber sich selbst, und so esse er von diesem Brot und trinke aus diesem Kelch. Denn wer so isst und trinkt, dass er den Leib des Herrn nicht achtet, der isst und trinkt sich selber zum Gericht. *(Verse 23-29, Hervorhebung vom Verfasser)*

Jahrelang habe ich diese Stelle gelesen und immer gedacht, dass sie sich nur auf das Abendmahl bezieht. Aber es geht hier nicht nur um den gebrochenen Leib unseres Herrn Jesus Christus. Es geht auch um seinen Leib, die Kirche! Wir sind seine Braut, und sein Leib ist kostbar für ihn. Es betrübt ihn tief, wenn wir gegen den Leib des Herrn Jesus Christus sprechen, indem wir schlecht über einander sprechen. Paulus fährt fort:

Darum sind auch viele Schwache und Kranke unter euch, und nicht wenige sind entschlafen. Wenn wir uns selber richteten, so würden wir nicht gerichtet. (Verse 30-31)

Welch ein kraftvolles Wort! Wenn wir unsere eigene Sünde zugeben, nämlich dass wir alles und jeden richten, und Gott um Vergebung bitten, werden wir nicht unter das Gericht kommen. Weil aber viele von uns Christen zu 80 Prozent richten und verdammen, hat der Herr uns, glaube ich, auf die Dreschtenne geholt. Ich glaube, wir befinden uns in einer Alles-oder-nichts-Zeit, einer Krisenzeit. Auf der Dreschtenne entscheidet sich, ob unser Leben so oder so weitergeht. Die Dreschtenne ist der Ort der Krise.

Johannes sagte: *„Er wird euch mit dem Heiligen Geist und mit Feuer taufen"* (Matthäus 3,11). Sie müssen wissen, dass er die Worfschaufel in der Hand hält, und er wird seine Dreschtenne gründlich reinigen.

Der Ort der Gnade

Der Herr will uns von der Spreu befreien, alles Unerwünschte verbrennen, sodass wir mit reinem Herzen in der Gnade, Liebe und Barmherzigkeit Gottes leben.

Sehen Sie, Gerechtigkeit ist gut, und die Welt versucht, in Gerechtigkeit zu leben. Ich danke Gott für Gerechtigkeit, für die Polizei und die Gerichte und Gesetze, aber es gibt einen höheren und besseren Ort. Es gibt einen Ort, an den kann der Satan Ihnen nicht folgen: dorthin, wo die Gnade des Herrn Jesus Christus ist. Genau darum geht es beim Christsein. Hier fließt Leben und Barmherzigkeit für uns selbst und für andere.

Wissen Sie, dass Sie, wenn Sie in der Gnade leben, unbesiegbar sind, bis Gott mit Ihnen am Ziel ist? Der Feind kann Ihnen dahin nicht folgen. Wie sollte Satan Ihnen an einen Ort der Gnade Gottes folgen? Für ihn gibt es keine Gnade. Er ist im Gesetz gefangen. Wir aber können in der Gnade leben und vollkommen davon abhängig sein, dass der Heilige Geist in der Lage ist uns zu erhalten.

Jesus ist in allen diesen Bereichen vollkommen, siegreich ohne Einschränkung. Er hat den Satan vollständig überwunden. Jesus war Gott, der als Mensch kam, aber als Mensch vom Heiligen Geist Kraft empfing, denn er hatte den Geist ohne Maß (Johannes 3,34). Mit einem Handstreich besiegte er Satan und alle seine Höllenhorden. Daran hat sich nichts geändert. Sie sind immer noch besiegt. Aber wir geben dem Satan Macht, wenn wir Gerechtigkeit statt Gnade wählen.

Mir wurde einmal gesagt, dass ich als Christ keine Rechte mehr habe. Das ist ganz richtig. Wir haben nur noch das Recht, vollkommene Vergebung zu erfahren, bei unserem Tod in den Himmel zu kommen, dem Herrn Jesus Christus als ein Sklave der Liebe ergeben zu sein und ihm in allem völlig zu vertrauen.

3

FREIGESETZT VON DEN FRÜCHTEN DES RICHTENS

(Carol Arnott)

„Seht darauf, dass nicht jemand Gottes Gnade versäume; dass nicht etwa eine bittere Wurzel aufwachse und Unfrieden anrichte und viele durch sie unrein werden." *(Hebräer 12,15)*

Wie ist das auf unser Leben anzuwenden?

Als ich Christ wurde, lernte ich Vergebung. Also vergab ich meiner Mutter, die mich tief verletzt hatte, sehr gründlich; musste aber feststellen, dass ich sie dennoch nicht liebte. Ich ging noch einmal alles durch, nur um zu erkennen, dass ich sie immer noch nicht liebte. Also machte ich es noch einmal und noch einmal, und ich liebte sie immer noch nicht. Ich dachte: Gott, irgendetwas läuft da verkehrt. Was stimmt nicht mit meiner Vergebung?

Richten, aus Verletzung geboren

Meine Mutter war das jüngste von acht Kindern, das sechste Mädchen. Die Familie hatte auf mehr Jungen gehofft, die den Bauernhof bewirtschaften könnten, und so war meine Mutter nicht einmal erwünscht. Sie war einfach ‚noch ein Mädchen'.

Da ihre Eltern oft auf dem Feld arbeiteten, wurde von ihren Schwestern erwartet, dass sie meine Mutter großzögen. Aber, wie Kinder nun einmal sind, waren die oft sehr gemein zu ihr. In der Wiege schubsten sie sie heftig hin und her. Wenn sie als Kleinkind schrie, schlossen sie sie in einem Kämmerchen ein. Sie können sich vorstellen, wie sehr sie durch solch eine Behandlung innerlich verletzt wurde.

Als ich ein Kind war und heranwuchs, verstand ich den Schmerz und die Ablehnung meiner Mutter nicht. Ich kannte die Tiefen ihrer Verletzungen nicht. Ich musste nur einfach mit ihrem Verhalten mir gegenüber klar kommen. Wenn Kinder etwas Falsches tun, wenn sie sich wirklich schlecht benehmen und eine Strafe verdienen, dann wissen sie das auch. Werden Kinder aber für etwas, was sie nicht getan haben, bestraft, dann empfinden sie das als große Ungerechtigkeit. Vielleicht lehnen sie sich noch nicht einmal äußerlich dagegen auf, aber im Herzen verurteilen sie ihre Eltern als gemein und ungerecht.

Genau das durchlebte ich auch. Ich traute mich nicht, meine Auflehnung zu zeigen, weil ich dann eine tüchtige Tracht Prügel bekommen hätte. Meine Mutter nahm dazu den Gürtel meines Vaters und schlug auf mich ein. Heute würde man von Misshandlung sprechen. Oft wurde ich grün und blau geschlagen, und mein Körper war voller Striemen, aber die Auswirkungen in meinem Inneren waren viel schlimmer. Ich hasste meine Mutter; innerlich verurteilte und verachtete ich sie.

Als ich Christ wurde, erkannte ich, dass ich viel mit mir herumtrug, was nicht vergeben war. Ich brauchte Befreiung. Ich ging die Sache an, so gut ich konnte, aber an den Gefühlen gegenüber meiner Mutter änderte sich nichts. Ich dachte: „Gott, hier stimmt etwas nicht." Immer und immer wieder betete ich, aber mein Herz veränderte sich nicht. Erst als ich John und Paula Sandford zum Thema „Verurteilen als Folge von Bitterkeit" lehren hörte, verstand ich es besser.

In der Bibel steht, wir sollen Vater und Mutter nur dann ehren, wenn sie gute Christen sind und alles richtig machen. Hoppla! Nein, so steht es nicht da, oder? Wäre es Ihnen nicht lieber so? … Nein, es heißt:

> *Du sollst deinen Vater und deine Mutter ehren, wie dir der Herr, dein Gott, geboten hat, auf dass du lange lebest und dir's wohlgehe in dem Lande, das dir der Herr, dein Gott, geben wird. (5. Mose 5,16)*

Umgekehrt heißt das, dass es Ihnen nicht wohlgeht in den Bereichen, in denen Sie sie nicht ehren. Natürlich verurteilen wir nicht alles an unseren Eltern, aber in den Bereichen, in denen sie uns verletzt und vernachlässigt haben, verachten und richten wir sie.

Ich dachte: „Gott, das verstehe ich aber nicht. Ich habe ihr vergeben. Was ist denn los?" Er sagte: „Du hast sie nicht geehrt. Das ist deine Sünde, dass du deine Mutter nicht geachtet hast." Er fing an, mir beide Seiten der Medaille zu zeigen. Wir müssen vergeben, jawohl, aber wir müssen auch unsere eigene Sünde, das Verurteilen, bereuen. Einerseits musste ich ihr vergeben, das tat ich ja. Andererseits verachtete ich sie in meinem Herzen. Ich hasste sie. Ich verurteilte sie.

Das war meine Sünde, nicht ihre. Meine Reaktion auf sie war sündig, und das hatte ich nicht verstanden. Satan, der Gesetzliche, ging zu Gott und sagte: „Gott, Carol sündigt hier. Sie bittet nicht um Vergebung für die Sünde, dass sie ihre Mutter verurteilt. Deshalb habe ich das Recht, das Gesetz von Saat und Ernte in ihrem Leben wirksam werden zu lassen."

Wir ernten, was wir säen

Haben Sie je einen Garten gehabt und dort Samen eingesät, zum Beispiel Sonnenblumenkerne? Stellen Sie sich eine Sonnenblume vor. Wie viel Kerne können Sie von einer Pflanze ernten? Einen? Nein, Hunderte. Einen Samen säen und Hunderte ernten, das ist das Gesetz der Steigerung. Dadurch, dass ich meine Mutter als dominierend und herrschsüchtig verurteilt hatte, erntete ich die Saat, dass ich viel unter herrschsüchtigen und dominierenden Frauen zu leiden hatte. Ich wurde von solchen Frauen kontrolliert, manipuliert, gebraucht und verletzt. Immer wieder traf mich ihr Verhalten unvorbereitet, und ich dachte: „Gott, was habe ich nur getan, dass mich das immer wieder trifft? Trage ich vielleicht ein Schild auf dem Rücken: ‚Bitte kontrollieren Sie mich! Bitte dominieren Sie mich!'?"

Ja, eigentlich war ich tatsächlich „gezeichnet". Geistlich trug ich solch ein Schild, weil ich meine Mutter verurteilt hatte. Der Feind hatte das Gesetz von Saat und Ernte in Kraft gesetzt.

Schließlich ging ich zu meiner Mutter. Sie war inzwischen auch Christ geworden. Ich sagte zu ihr: „Mama, ich habe etwas Neues gelernt, und mir ist bewusst geworden, dass ich gegen dich gesündigt habe. Ich habe dich verurteilt. Ich habe dich gehasst, und ich möchte das wirklich durcharbeiten und in Ordnung bringen."

Meine Mutter erwiderte: „Carol, ich will nicht darüber reden, ich bin zu alt. Ich habe zu viel erlebt. Bitte sprich nie wieder davon."

Was sollte ich nun tun?

Gott bewirkt die Heilung

Der Herr sagte: „Carol, möchtest du geheilt werden?" Ich antwortete: „Ja, Herr, ich will geheilt werden."

Er sagte: „Dann erlaube mir, im Garten deines Herzens umzugraben. Ich will nicht, dass du selber alles durchwühlst, dass du Nabelschau betreibst oder alles auf den Kopf stellst und dich selber abmühst. Erlaube mir, dir die Bereiche zu zeigen, in denen du gerichtet hast und in denen du Hilfe brauchst." Ich erwiderte: „Gut, Herr, ich gebe dir die Erlaubnis."

Dann sprach ich ein einfaches Gebet: „Gott, ich erkenne, dass ich gesündigt habe. Ich habe meine Mutter verurteilt und sie nicht geehrt. Herr, ich vergebe ihr alles, was sie mir je angetan hat. Sie ist mir nichts schuldig. Ich bitte dich um Vergebung. Bitte führe mir die Bereiche vor Augen, die ich in Ordnung bringen muss."

Auf dieses Gebet folgten dreieinhalb Jahre, in denen Gott mir viel zeigte. Er brachte mir täglich zehn, manchmal fünfzehn Situationen zum Bewusstsein, in denen ich gerichtet hatte – längst vergessene Dinge. Ich betete für Situationen, an die ich nicht mehr gedacht hatte, seit sie geschehen waren.

Ich betete: „Herr, ich habe gesündigt, indem ich meine Mutter verurteilt habe. Ich vergebe ihr diese Sache. Ich habe sie in dieser Situation nicht geachtet. Ich habe sie gerichtet und gehasst. Herr, ich vergebe ihr. Bitte, Herr, vergib mir die Sünde, dass ich meine Mutter verurteilt habe." Ich fühlte nichts Besonderes, wenn ich so betete, emotional schien sich eigentlich nichts zu ändern.

Etwa zweimal pro Woche sah ich meine Mutter, manchmal auch öfter, und ich versuchte sie, so gut es ging, zu lieben. Ich sagte ihr, dass ich sie liebte, und nahm sie in den Arm. Ich gab mein Bestes.

Ungefähr drei Jahre nach Beginn dieses Prozesses besuchte ich sie eines Tages wieder. Beim Abschied schloss ich sie wie immer in die Arme, ließ sie wissen, dass ich sie liebte, und sagte dann „Auf Wiedersehen". Aber diesmal wurde ich von einem tiefen, wunderbaren Gefühl der Liebe zu meiner Mutter überrascht. Ich wusste, dass ich geheilt war. Ich wusste, dass Gott mein Herz verändert hatte.

Aber das ist noch nicht alles. Gott heilte nicht nur mich; als ich meine Mutter freigab, erlebte auch sie Befreiung. Es geht ihr jetzt viel besser. Sie ist so viel liebenswürdiger und freier geworden. Durch meine Heilung konnte Gott auch in ihrem Leben große Veränderungen bewirken, auch wenn sie selbst diese Dinge nicht in Angriff nehmen konnte, weil ihr Schmerz zu groß war und sie die Bibel zu wenig kannte und nicht wusste, wie sie die biblischen Lehren auf ihr Leben anwenden sollte.

Dem Satan Rechte einräumen

John und ich haben in zwei Gemeinden als Pastoren gearbeitet. Unsere erste Gemeinde war in Stratford. Zu mir kamen oft Leute und beschwerten sich, nie aber zu John. Sie fühlten sich missachtet oder abgelehnt und stülpten mir ihre ganze Negativität über. Ich sagte John, wie mich die Leute behandelten, aber er wollte oder konnte mich nicht verstehen.

Wenn jemand von Ihnen John je über mich reden gehört hat, dann weiß er, dass er mich wirklich verehrt. Er liebt mich, und ich weiß, dass er für mich eintreten würde, wenn mich jemand verletzen wollte. Aber bei den Gemeindegliedern schien ihm das nicht möglich zu sein.

Wenn ich zu ihm ging und ihm erzählte, was die Leute so redeten, sagte er manchmal: „Ach was, du bist nur eifersüchtig", oder „Du reagierst schon wieder übertrieben", oder „Das ist doch überhaupt nicht ernst zu nehmen." Ich war völlig fertig. „Gott, was läuft hier falsch?", fragte ich.

Und als wir dann die Gemeinde in Toronto gründeten – raten Sie mal, was die Leute dort machten? Ihre Beschwerden trugen sie nicht etwa John vor, sie kamen zu mir. Ich ging zu John, und er trat nicht für mich ein. Er stellte sich noch nicht einmal auf meine Seite oder hörte sich an, was sie gesagt hatten. Das verwirrte mich sehr.

Schließlich rief ich: „Gott, was habe ich getan, um dieses Ergebnis zu ernten?" Und der Herr erwiderte: „Wie sieht es mit deinem Vater aus?" Ich war schockiert. „Mein Vater? Mein Vater ist wunderbar. Ich liebe meinen Vater. Mein Vater ist ein ganz lieber Mensch. Er ist ein Gentleman. Er ist ein liebevoller und freundlicher Mann. Ich verurteile meinen Vater in keiner Weise."

Der Herr sagte: „O doch, das tust du." Ich entgegnete: „Tatsächlich? Inwiefern?" „Du hast deinen Vater gerichtet, weil er dich nicht vor deiner Mutter beschützt hat."

Diese Verurteilungen räumten dem Feind Rechte ein, die dazu führten, dass der wichtigste Mann in meinem Leben, John, nicht in der Lage war, mich vor der „Mutter" Gemeinde zu beschützen. Die Gemeinde konnte dann ihren ganzen Müll auf mir abladen. John war nicht in der Lage, für mich einzustehen. Das Gesetz des Richtens und das Gesetz von Saat und Ernte gaben dem Feind in die Hand, was er brauchte.

Ich dachte: „*Wow*, Herr, daran könnte es liegen?" Noch immer war mir diese Art Lehre relativ neu. Es hörte sich so merkwürdig an! Ich ging also zu einer Freundin und sagte: „Ich glaube, der Herr hat mir dieses gesagt. Ich möchte es vor dir bekennen. John werde ich nichts davon erzählen. Ich vergebe meinem Vater, dass er nicht für mich eingestanden ist und mich vor dem Zorn meiner Mutter beschützt hat. Ich löse ihn von der Schuld und vergebe ihm, und dann vergebe ich auch John, dass er nicht für mich eingestanden ist und mich vor den Leuten in der Gemeinde beschützt hat. Ich bitte den Herrn, mir zu vergeben, dass ich über meinen Vater und John gerichtet habe."

Ich bat den Herrn, das Kreuz Jesu zwischen mein Herz und das Gesetz von Saat und Ernte zu stellen, und ließ alles dort.

Zwei Monate später ereignete sich wieder etwas. Eine Frau kam zu mir und ergoss ihren ganzen Dreck über mir. Ich ging zu John, und sofort sagte er: „Wir holen diese Frau ins Büro." Er rief sie herein, stand für mich ein und befasste sich mit der Situation. Es war einmalig! Seitdem verhält er sich immer so.

Mein Richten hatte dem Satan das Recht eingeräumt, John gebunden zu halten und ihn daran zu hindern, mein Beschützer zu sein.

Wenn es in Ihrem Leben Bereiche gibt, in denen sich negative Dinge wiederholen, wenn es Bereiche gibt, in denen Sie jemanden nicht so lieben können, wie Sie sollten, sehen Sie zurück und sagen Sie: „Heiliger Geist, zeigst du es mir bitte? Offenbarst du es mir bitte, falls ich jemanden, der in meinem Leben wichtig ist, gerichtet habe? Habe ich diese Person nicht geachtet?"

Vielleicht spüren Sie Ihren Zorn, Ihre Verletzung und die Emotionen nicht. Vielleicht können Sie sich nicht erinnern, je jemanden gerichtet zu haben, aber wenn sich negative Frucht in Ihrem Leben wiederholt, hat normalerweise eine Verurteilung, die in Bitterkeit, Zorn oder Verletzung wurzelt, dem Feind Einlass gewährt. Vergessen Sie nicht, dass das nicht in allen Lebensbereichen vorkommt, aber in den Bereichen, in denen Sie verletzt und verwundet worden sind.

Freigesetzt

Der Herr kam, um die Gefangenen zu befreien, die zerbrochenen Herzen zu heilen und Gefängnistüren zu öffnen (Jesaja 61,1). Er kam, um das zu tun, nicht nur für mich, sondern für uns alle.

Ich glaube, der Feind hat uns gebunden und hält große Teile des Leibes Christi in Dunkelheit, obwohl der Herr einen Weg der Befreiung und Vergebung zur Verfügung stellt. Satan versucht, diese Wahrheit vor dem Leib Christi zu verbergen. Die Bibel sagt: *„Mein Volk ist dahin, weil es ohne Erkenntnis ist"* (Hosea 4,6).

Mir bedeutet diese Wahrheit mehr als eine Million Dollar. Sie bedeutet Heilung und Freiheit. Gott hat mich befreit. Das ist so wunderbar erleichternd.

4

HÖCHSTE ZEIT
ZU VERGEBEN

Jetzt können wir die Bedeutung der Bibelstelle verstehen:

„Ich will dir die Schlüssel des Himmelreichs geben: alles, was du auf Erden binden wirst, soll auch im Himmel gebunden sein, und alles, was du auf Erden lösen wirst, soll auch im Himmel gelöst sein" (Matthäus 16,19).

Es ist an der Zeit, dem Satan diese Schlüssel wegzunehmen, indem wir erkennen, wo wir mit solchen Dingen zu tun haben, solchen Schuldscheinen, solchen unerledigten Urteilen, die tief in Schmerz und Bitterkeit verwurzelt sind. Wir müssen die Bereiche aufdecken, in denen wir nach Gottes Gerechtigkeit schreien, und sie mit Vergebung und Buße in Ordnung bringen. An Verletzungen und Verurteilungen festzuhalten ist ein „Luxus", den wir uns nicht leisten können, Sie nicht und ich auch nicht. Das ist so, als überließe man dem Satan seinen Haustürschlüssel.

Andere durch Vergebung lösen

Wir haben einen Schatz geschenkt bekommen. Als wir Jesus unser Leben gaben, kamen wir vom Nichts zum Alles. Eine riesige Sündenschuld wurde uns vergeben, und jetzt sagt Gott: „Das Mindeste, was du tun kannst, ist, deinen Mitmenschen zu vergeben, deinen Eltern, deinen Brüdern."

Ich kenne Frauen, die als Jugendliche von ihren Brüdern regelrecht gefoltert wurden. Vielleicht sind Ihnen Sachen passiert, die Sie Männer bzw. Frauen hassen lassen.

Als meine erste Ehe zerbrach, schwor ich mir, dass mich keine Frau je wieder so verletzen würde. Ich brauchte ganz schön lange, bis ich mit Carols Hilfe diesen Schwur brechen konnte. Wie man sieht, hat Carol meine Abwehrhaltung überwunden, und dafür danke ich Gott. Ich konnte von Verurteilungen, die in Bitterkeit wurzelten, geheilt werden und erleben, wie Barmherzigkeit über Gericht triumphiert (Jakobus 2,13).

Viele von uns haben so Tragisches und Schlimmes erlebt, dass wir uns nicht vorstellen können es loszulassen, noch dazu mit einem einfachen Gebet. Manchmal ist die Wunde zu frisch, und wir brauchen mehr Zeit.

Einer der Gründe für die so außergewöhnliche Bekehrung des Apostels Paulus war, dass ein Mann namens Stephanus, der zu Tode gesteinigt wurde, dieses Prinzip verstanden und ausgerufen hatte:

„Herr, rechne ihnen diese Sünde nicht an!" (Apostel-
geschichte 7,60).

Vielleicht sah er da gerade in die Augen des jungen
Saulus von Tarsus. Weil Stephanus vergab, wurde im
Himmel nicht gebunden, fand dort keine Schlüssel-
und Anspruchübergabe an den Feind statt, der damit
zu Recht diesen jungen Mann, Saulus, hätte binden
können. Später griff Gott in machtvoller Weise ein, und
Saulus erlebte eine dramatische Bekehrung. Heute kennen wir ihn als Paulus, den Apostel für die Heiden.

Wir sollen anderen ein Geschenk machen, das sie
nicht verdienen, da, wo sie ohne Frage gegen uns gesündigt haben, uns verletzt und uns Gewalt angetan
haben. Ja, da steht eine Schuld offen. Sie schulden
uns etwas, aber wir können ihnen ein unverdientes
Geschenk machen – unsere Vergebung. Wir können
in die Barmherzigkeit Gottes eintreten und sagen: „Ich
möchte, dass Barmherzigkeit über Gerechtigkeit triumphiert." Danach verlangt Gott.

Die Gnade des Herrn Jesus Christus ist mehr als
genug für mich. Ich werde denen, die mich verletzt und
gegen mich gesündigt haben, ein Geschenk machen,
nämlich meine Vergebung. Ich werde ihnen ein Geschenk machen, das sie nicht verdienen – meine Vergebung –, ebenso, wie mein himmlischer Vater mir ein
Geschenk gemacht hat, das ich nicht verdiene – seine
Vergebung. Ich will Gnade für mich, nicht die Gerechtigkeit, die ich verdiene. Deshalb entscheide ich mich
dazu, allen anderen zu vergeben. Der Barmherzige ist
es, der Barmherzigkeit erlangt (Matthäus 5,7).

Manchmal dauert es, wie Carol erzählte, eine Weile,

bis wir dem Heiligen Geist Raum geben, die Dinge offenzulegen. Aber Gott möchte aus uns freie, glückliche und frohe Menschen machen. Wir haben weder die Zeit noch die Kraft, einen Deckel auf all die Verletzungen, die Wut und die Ängste zu drücken, die der Feind durch das Gesetz von Saat und Ernte in unser Leben bringt.

Vergessen Sie nicht, der Satan wirkt auf der Grundlage von Rechten. Wir müssen unsere Ansprüche aufgeben, uns ergeben und sagen: „Herr, ich will die Dinge auf deine Art tun." Wir können wie Jesus und wie Stephanus sein, der sagte: „Rechne ihnen diese Sünde nicht an." Lassen Sie uns Gott sagen: „Ich vergebe ihnen, und ich bitte dich, mir zu vergeben, dass ich sie in Bitterkeit und Verletzung gerichtet und verlangt habe, dass etwas geschieht."

Verlieren Sie nicht aus den Augen, dass ich nicht über Situationen rede, in denen liebende oder pastorale Korrektur angebracht ist. Ich spreche über Dinge, die Ihr Herz vergiften, Bereiche, in denen Sie dem Satan buchstäblich Einlass in Ihr Leben gewähren, ihn befähigen, jederzeit hereinzukommen und zu zerstören.

Es gibt einen Ort der Ruhe nahe dem Herzen Gottes. Es ist Raum unter dem Schatten des Allmächtigen. Es ist Platz am Kreuz Jesu Christi, wo Barmherzigkeit über Gericht triumphiert und Sie in die herrliche Freiheit der Kinder Gottes kommen. Es ist der Ort von Gnade und Barmherzigkeit.

Ich werde Ihnen nicht die Pistole auf die Brust setzen und verlangen, dass Sie vergeben. Das funktioniert nicht. Wir haben alle schon einmal so etwas gehört: „Es ist mir egal, was man dir angetan hat. Wenn du Christ bist, musst du vergeben!" Nein, Sie müssen nicht vergeben. Sie können daran festhalten, wenn Sie wollen, aber machen Sie sich das Prinzip dahinter bewusst.

Sie haben Anspruch auf Gerechtigkeit, aber dann werden Sie auch ernten, was Sie säen. Auch Sie werden die Gerechtigkeit empfangen, die Sie verdienen, und nicht Barmherzigkeit. Als ich das verstanden hatte, wusste ich, was Jesus mit diesem Satz meinte: *„Selig sind die Barmherzigen; denn sie werden Barmherzigkeit erlangen"* (Matthäus 5,7).

Vergebung fließen lassen

Ich glaube, dass das Wort des Herrn Ihr Herz wie ein Schwert durchbohrt hat, und der Heilige Geist hat Sie auf die Dreschtenne geholt, wo er etwas von der Streu Ihres Lebens abklopfen will. Müssen Sie dem einen oder anderen vergeben?

Lassen Sie mich mit Ihnen beten. Bitte, kämpfen Sie nicht. Vielleicht sagen Sie: „Ich will die Worte sagen, aber ich meine sie nicht wirklich." Das ist okay, solange Sie in Ihrem Herzen sagen: „Herr, hilf mir, dies durchzuarbeiten. Mach mich willig, willig zu sein." Gott stellt sich dazu. Wir werden Gott auch um Vergebung dafür bitten, dass wir andere gerichtet haben, und ihn bitten, uns gnädig daran zu erinnern, wenn wir wieder in negatives Denken abrutschen. Wir wollen über unsere Mitmenschen Gutes und nicht Schlechtes aussprechen und ihnen unverdiente Geschenke machen, sodass wir Gefäße der Ehre und Barmherzigkeit sein können. Werden Sie ein neuer Weinschlauch, der den neuen

Wein hält und das Öl des Heiligen Geistes, sodass Sie in Freiheit und Liebe wandeln können.

Aber bevor ich dieses Gebet anleite, wollen wir einen Moment innehalten und auf Gott warten. Bitten Sie um die Gegenwart des Heiligen Geistes. Laden Sie ihn ein, neu auf Sie zu kommen. Strengen Sie sich nicht an, dies in religiöser Stärke oder aus Ihrer eigenen Willenskraft heraus zu tun. Sie sollen wissen: Ohne die Befähigung durch den Heiligen Geist werden Sie nicht vorankommen können. Was Ihnen angetan wurde, war zum Teil einfach zu extrem.

Mancher von Ihnen wurde so missbraucht. Die Umstände, durch die Sie gehen mussten, und die Dinge, die Ihnen passierten, waren nie, nie nach dem Herzen des Vaters. Diese Dinge entstanden aus der Sünde in der Welt, sie waren Folge Ihrer eigenen schlechten Entscheidungen oder der anderer Menschen, die Sie verletzten. Gott ist nicht verantwortlich für die Sünden der Menschen.

Wir können den Teufel überwinden. Wir können sicherstellen, dass die Sünden der Väter nicht auf die Kinder bis in die dritte und vierte Generation weitergegeben werden. Denn wenn Sie Ihren rechtmäßigen Anspruch auf Sühne nicht aufgeben und nicht in Gnade und Barmherzigkeit eintreten, dann, sagt die Bibel, werden die Probleme an Ihre Kinder weitergereicht (2. Mose 20,5). Der Meister-Gesetzliche, Satan, wird dafür sorgen.

Beten wir gemeinsam:

Wir beten dich an, Vater. Wir kommen und geben unsere Not zu. Wir bitten um die Gegenwart und Hilfe des Heiligen Geistes. Wir treffen unsere Entscheidung: Gnade soll über Gericht stehen. Wir wollen denen Vergebung schenken, die uns verletzt haben, und denen, die sie nicht verdienen. Wir wollen den Feind überwinden und ihm das Recht, uns Schaden zuzufügen, wieder nehmen.

Vater, ich entscheide mich, denen zu vergeben, die mich so tief verletzt und die gegen mich gesündigt haben. Ich vergebe meiner Mutter. Ich vergebe meinem Vater. Ich vergebe meinen Brüdern. Ich vergebe meinen Schwestern. Ich vergebe meinem Ehemann. Ich vergebe meiner Frau. Ich vergebe meinen Arbeitgebern und meinen Pastoren, meinen Freunden und jedem, der gegen mich gesündigt hat. Ich schenke ihnen vorbehaltlose Vergebung, ohne Bedingungen daran zu knüpfen. Sie schulden mir nichts. Ich vertraue Gott, dass er es zum Guten wenden kann (Römer 8,28).

Herr, ich nehme auch die Vergebung für meine eigenen Fehler und mein Versagen an. Ich lasse das alles los.

Herr, jetzt will ich meine Sünden bekennen. Ich habe diese Menschen gerichtet, die ich in Bitterkeit und Ärger nannte. Ich möchte frei sein. Vergib mir, Vater, dass ich meine Eltern, meinen Pastor, meine Freunde nicht geehrt habe. Vergib mir, dass ich zum Problem statt zur Lösung beitrug. Mein eigener Stolz war es, der Gerechtigkeit forderte.

Herr, ich will frei sein. Ich will die Gewalt des Feindes in meinem Leben brechen. Ich stelle das Kreuz Jesu Christi zwischen mein Herz und alles, was ich nach dem Gesetz von Saat und Ernte zu empfangen hätte. Ich lasse zu, Heiliger Geist, dass du jede spezifische

Angelegenheit an die Oberfläche bringst, die du bearbeitet haben willst, damit ich spezifisch vergeben und spezifisch Buße tun kann, denn ich entscheide mich für Barmherzigkeit statt Verurteilen.

Ich zerreiße all diese Schuldscheine und werfe sie dem Kreuz zu Füßen. Ich sage: Deine Gnade reicht mir. Was ich auf Erden löse, ist im Himmel gelöst, und ich löse all dies in deine fähigen Hände. Jetzt gebe ich dir, Herr, Raum, mit Macht in meinem Leben zu wirken. In Jesu Namen, amen.

Und nun lassen Sie mich ein Gebet der Autorität und des Bekenntnisses über Ihnen sprechen:

Vater, ich nehme die Rechte des Feindes über dem Leben dieser Menschen weg. Satan, ich breche deine Generationen alte Gewalt über Gottes Volk. Ich gebiete dir, diese Menschen freizulassen und in dem mächtigen Namen von Jesus Christus, Gottes heiligem Sohn, gehen zu lassen. Lass sie frei – wegen Jesu Blut, das seine Macht nicht verloren hat.
Ich setze dich frei, Frau Gottes. Ich setze dich frei, Mann Gottes. Ich setze dich frei, Kind Gottes. Jetzt triumphiert Barmherzigkeit über Gericht.

Ich breche über euch alle kontrollierenden Ängste, kontrollierende Wut, Ablehnung und jede Gewalt des Feindes, im Namen Jesu Christi.
Ich setze euch frei, euch zu euren vollen Möglichkeiten in Jesus Christus, eurem Retter und Herrn, zu erheben. Der Löwe des Stammes Juda hat über alle Mächte des Feindes triumphiert. Wir stellen unsere Füße auf den Feind und steigen in die Gnade Gottes auf. In Jesu mächtigem und kraftvollem Namen. Amen.

Und vergib uns unsere Schuld, wie auch wir vergeben unseren Schuldigern (Matthäus 6,12).

Tipps zur Verwendung dieses Buches im Hauskreis

Es empfiehlt sich, dieses Buch in einem Hauskreis in mehreren Abschnitten zu besprechen. Es hat sich bewährt, fünf Abende dafür vorzusehen. Es sollte mit einem Bibeltext, der dem zu besprechenden Abschnitt entnommen ist, begonnen werden. Hilfreich ist die Reihenfolge: Lesen – Stille zum eigenen Hören – kurzer Austausch „Was ist mir wichtig und warum?" – (Buß-)Gebet.

Dann liest ein Teilnehmer die vorgesehenen Seiten. Jeder Teilnehmer sollte ein eigenes Buch in der Hand haben, um mitlesen und anstreichen zu können. – Danach Aussprache und Gebet.

Die fünf Einheiten:

I.   2. Korinther 10,4-5, dann die Seiten 9 bis 18

II. Matthäus 7,1-5, dann die Seiten 19 bis 26

III. Lukas 18,9-14, dann die Seiten 27 bis 39 (bei Zeitmangel evtl. 36 und 38, „Die Dreschtenne", weglassen)

IV. Jesaja 61,1-4 und Lukas 4,18-21, dann die Seiten 41 bis 50

V.   Kolosser 3,12-27, dann die Seiten 51 bis 58